Impressum
Verlag: BABADADA GmbH, Nedderfeld 112 , 22529 Hamburg
Geschäftsführer / Verlagsleitung: Harald Hof
Druck: Books on Demand GmbH, In de Tarpen 42, 22848 Norderstedt

Imprint
Publisher: BABADADA GmbH, Nedderfeld 112 , 22529 Hamburg, Germany
Managing Director / Publishing direction: Harald Hof
Print: Books on Demand GmbH, In de Tarpen 42, 22848 Norderstedt, Germany

5ch00l

школа

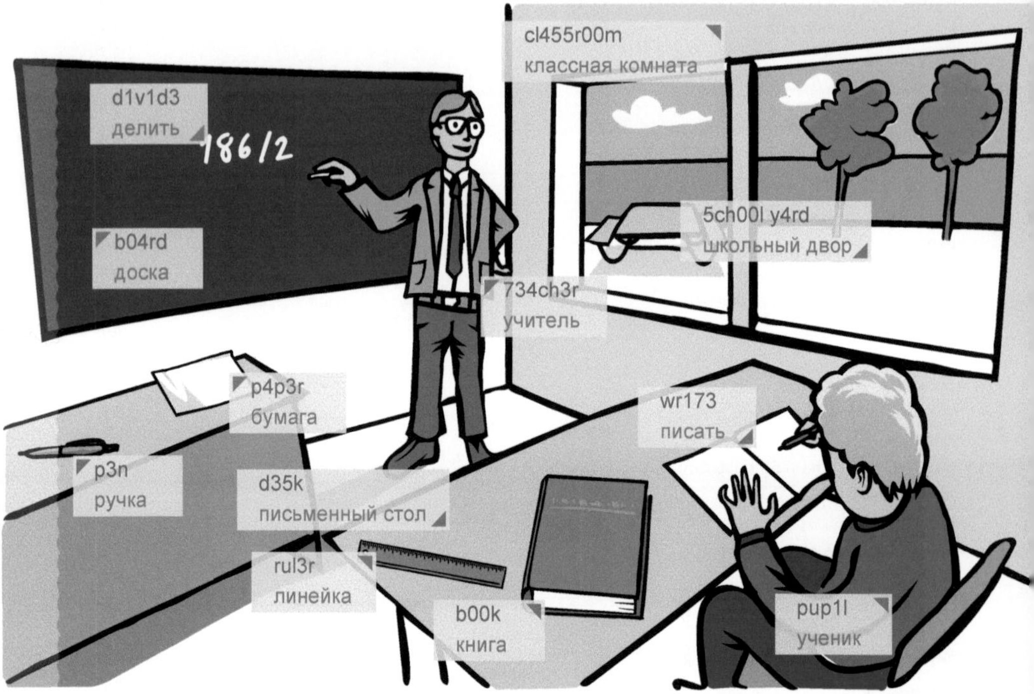

cl455r00m
классная комната
d1v1d3
делить
186/2
b04rd
доска
5ch00l y4rd
школьный двор
734ch3r
учитель
p4p3r
бумага
wr173
писать
p3n
ручка
d35k
письменный стол
rul3r
линейка
b00k
книга
pup1l
ученик

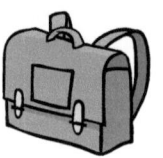

547ch3l

ранец

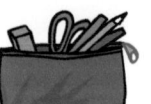

p3nc1l c453

пенал

p3nc1l

карандаш

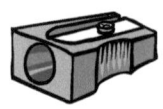

p3nc1l 5h4rp3n3r

точилка

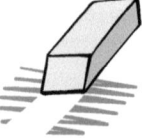

rubb3r

ластик

dr4w1n6 p4d

альбом для рисования

dr4w1n6

рисунок

p41n7bru5h

кисточка

p41n7 b0x

коробка красок

5c1550r5

ножницы

6lu3

клей

3x3rc153 b00k

тетрадь

h0m3w0rk

домашняя работа

numb3r

цифра

4dd

прибавлять

5ub7r4c7

вычитать

mul71ply

умножать

c4lcul473

считать

l3773r

буква

4lph4b37

алфавит

w0rd

слово

73x7

текст

r34d

читать

ch4lk

мел

l3550n

урок

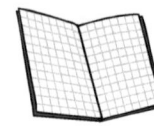

r361573r

классный журнал

3x4m1n4710n

экзамен

c3r71f1c473

диплом

5ch00l un1f0rm

школьная форма

3duc4710n

образование

3ncycl0p3d14

энциклопедия

un1v3r517y

университет

m1cr05c0p3

микроскоп

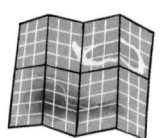

m4p

карта

w4573-p4p3r b45k37

корзина для бумаг

7r4v3l

путешествие

h073l
гостиница
Grand
h0573l
турбаза
ROOMS
curr3ncy 3xch4n63 0ff1c3
пункт обмена валюты
EXCHANGE
5u17c453
чемодан
c4r
автомобиль

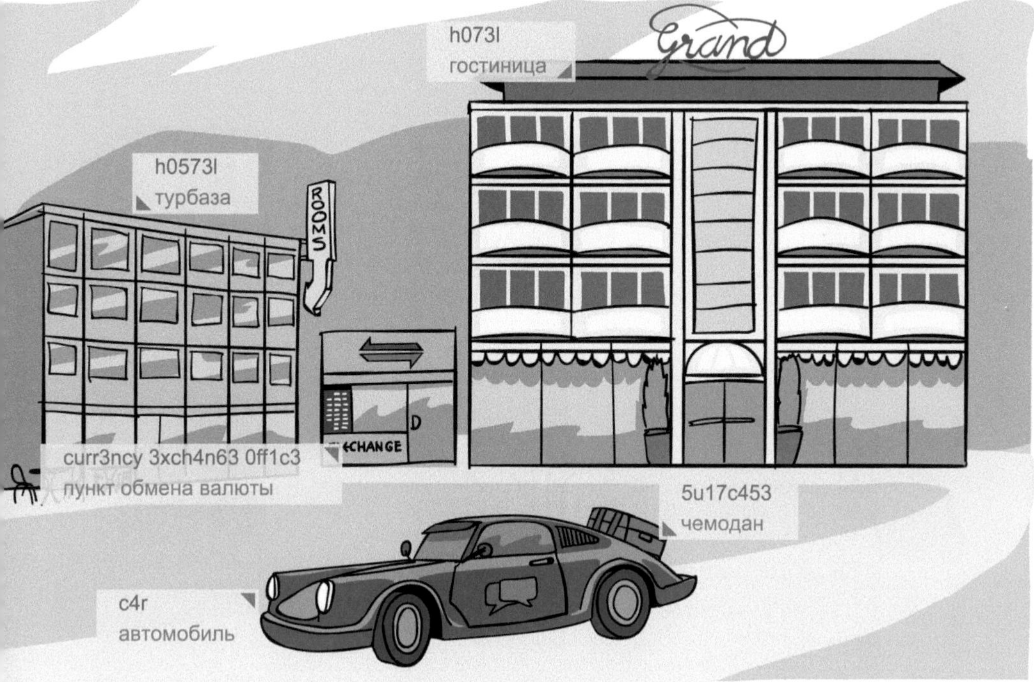

l4n6u463

язык

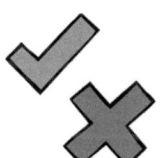

y35 / n0

да / нет

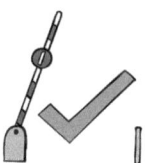

0k4y

хорошо

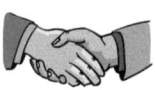

h3ll0

Привет

7r4n5l470r

переводчик

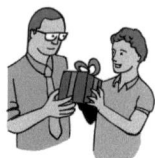

7h4nk y0u

Спасибо

h0w much 15

Сколько стоит…?

1 d0 n07 und3r574nd

Я не понимаю

pr0bl3m

проблема

600d 3v3n1n6!

Добрый вечер!

600d m0rn1n6!

Доброе утро!

600d n16h7!

Доброй ночи!

600dby3

До свидания

d1r3c710n

направление

lu66463

багаж

b46

сумка

b4ckp4ck

рюкзак

6u357

гость

r00m

комната

5l33p1n6 b46

спальный мешок

73n7

палатка

70ur157 1nf0rm4710n

туристическая
информация

b34ch

пляж

cr3d17 c4rd

кредитная карточка

br34kf457

завтрак

lunch

обед

d1nn3r

ужин

71ck37

билет

3l3v470r

лифт

574mp

почтовая марка

b0rd3r

граница

cu570m5

таможня

3mb455y

посольство

v154

виза

p455p0r7

паспорт

7r4n5p0r7

транспорт

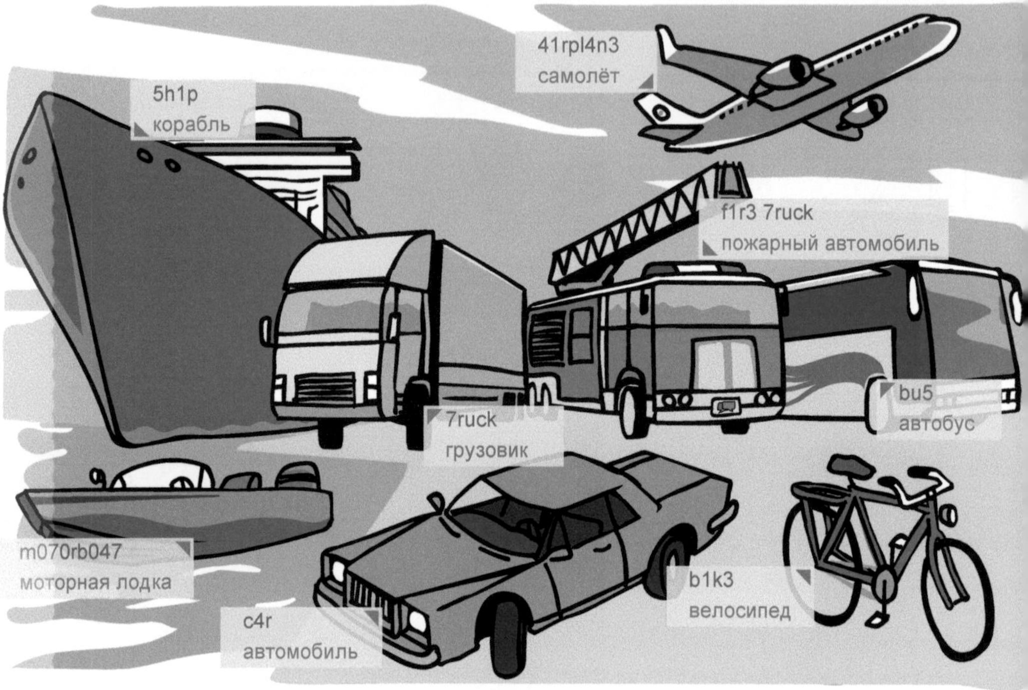
41rpl4n3
самолёт
5h1p
корабль
f1r3 7ruck
пожарный автомобиль
bu5
автобус
7ruck
грузовик
m070rb047
моторная лодка
b1k3
велосипед
c4r
автомобиль

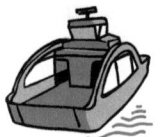

f3rry

паром

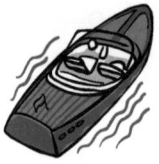

b047

лодка

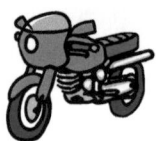

m070rb1k3

мотоцикл

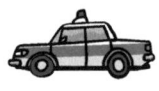

p0l1c3 c4r

полицейский автомобиль

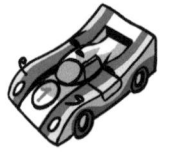

r4c1n6 c4r

гоночный автомобиль

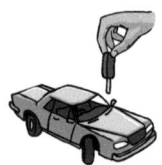

r3n74l c4r

арендованный автомобиль

c4r 5h4r1n6

совместное пользование
автомобилями

70w 7ruck

буксировочный
автомобиль

64rb463 7ruck

мусоровоз

3n61n3

двигатель

fu3l

топливо

fu3l 574710n

заправка

7r4ff1c 516n

дорожный знак

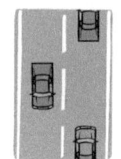

7r4ff1c

движение

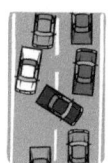

7r4ff1c j4m

пробка

p4rk1n6 l07

автостоянка

7r41n 574710n

вокзал

7r4ck5

рельсы

7r41n

поезд

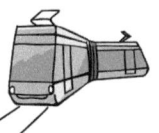

7r4m

трамвай

w460n

вагон

h3l1c0p73r

вертолёт

41rp0r7

аэропорт

70w3r

вышка

p4553n63r

пассажир

c0n741n3r

контейнер

c4r70n

коробка

c4r7

тележка

b45k37

корзина

74k3 0ff / l4nd

взлетать / приземляться

c17y

город

v1ll463

деревня

c17y c3n73r

центр города

h0u53

дом

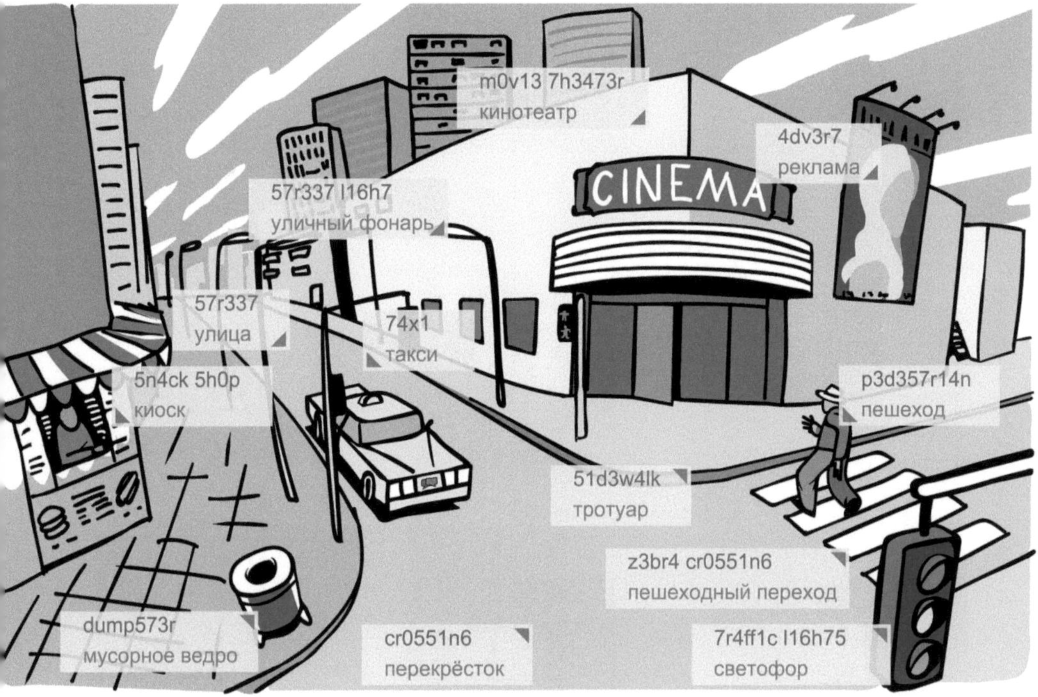

m0v13 7h3473r
кинотеатр

4dv3r7
реклама

57r337 l16h7
уличный фонарь

CINEMA

57r337
улица

74x1
такси

5n4ck 5h0p
киоск

p3d357r14n
пешеход

51d3w4lk
тротуар

z3br4 cr0551n6
пешеходный переход

dump573r
мусорное ведро

cr0551n6
перекрёсток

7r4ff1c l16h75
светофор

hu7

хижина

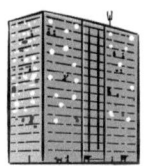

4p4r7m3n7

квартира

7r41n 574710n

вокзал

c17y h4ll

ратуша

mu53um

музей

5ch00l

школа

c17y - город

11

un1v3r517y

университет

b4nk

банк

h05p174l

больница

h073l

гостиница

ph4rm4cy

аптека

0ff1c3

офис

b00k 5h0p

книжный магазин

5h0p

магазин

fl0w3r 5h0p

цветочный магазин

5up3rm4rk37

супермаркет

m4rk37

рынок

d3p4r7m3n7 570r3

универмаг

f15hm0n63r'5 5h0p

торговец рыбой

m4ll

торговый центр

h4rb0r

порт

p4rk

парк

b3nch

скамейка

br1d63

мост

5741r5

лестница

5ubw4y

метро

7unn3l

тоннель

bu5 570p

автобусная остановка

b4r

бар

r3574ur4n7

ресторан

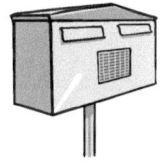

p057b0x

почтовый ящик

57r337 516n

табличка с названием
улицы

p4rk1n6 m373r

паркометр

z00

зоопарк

5w1mm1n6 p00l

бассейн

m05qu3

мечеть

f4rm

ферма

p0llu710n

загрязнение окружающей среды

c3m373ry

кладбище

church

церковь

pl4y6r0und

детская площадка

73mpl3

храм

l4nd5c4p3

ландшафт

l34f
лист

516np057
дорожный указатель

p47h
дорога

m34d0w
луг

570n3
камень

7r33
дерево

h1k3r
путешественник

r1v3r
река

6r455
трава

fl0w3r
цветок

v4ll3y

долина

h1ll

гора

l4k3

озеро

f0r357

лес

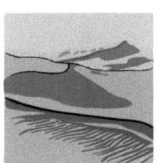

d353r7

пустыня

v0lc4n0

вулкан

c457l3

замок

r41nb0w

радуга

mu5hr00m

гриб

p4lm 7r33

пальма

m05qu170

комар

fly

муха

4n7

муравей

b33

пчела

5p1d3r

паук

b337l3

жук

fr06

лягушка

5qu1rr3l

белка

h3d63h06

еж

h4r3

заяц

0wl

сова

b1rd

птица

5w4n

лебедь

b04r

кабан

d33r

олень

m0053

лось

d4m

плотина

w1nd 7urb1n3

ветряной генератор

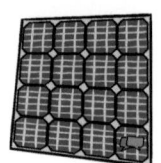

50l4r p4n3l

солнечная батарея

cl1m473

климат

l4nd5c4p3 - ландшафт

r3574ur4n7

ресторан

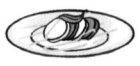

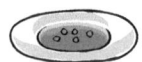

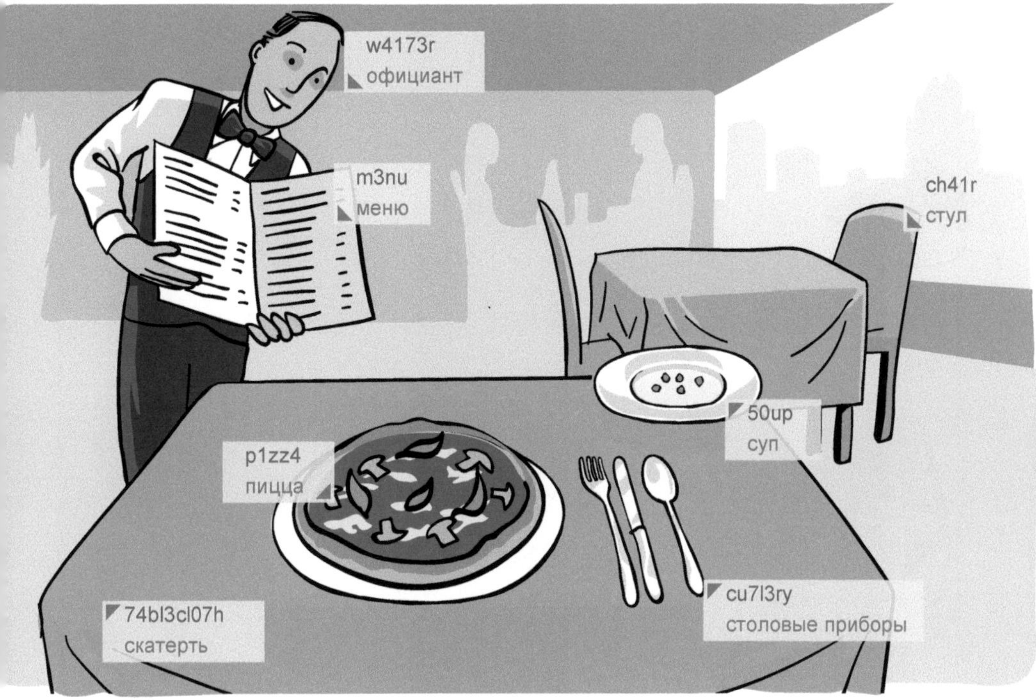
w4173r
официант
m3nu
меню
ch41r
стул
50up
суп
p1zz4
пицца
cu7l3ry
столовые приборы
74bl3cl07h
скатерть

574r73r

закуска

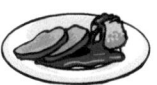

m41n c0ur53

главное блюдо

d3553r7

десерт

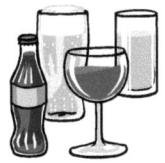

dr1nk5

напитки

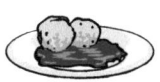

f00d

еда

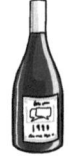

b077l3

бутылка

f457 f00d

фастфуд

57r337 f00d

уличная еда

734p07

чайник

5u64r b0wl

сахарница

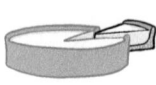

p0r710n

порция

35pr3550 m4ch1n3

кофеварка

h16h ch41r

детский стульчик

b1ll

счет

7r4y

поднос

kn1f3

нож

f0rk

вилка

5p00n

ложка

7345p00n

чайная ложка

53rv13773

салфетка

6l455

стакан

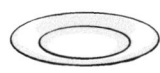

pl473

тарелка

50up pl473

суповая тарелка

54uc3r

блюдце

54uc3

соус

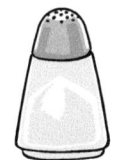

54l7 5h4k3r

солонка

p3pp3r m1ll

мельница для перца

v1n364r

уксус

01l

масло

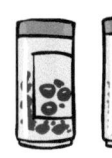

5p1c35

специи

k37chup

кетчуп

mu574rd

горчица

m4y0nn4153

майонез

5up3rm4rk37

супермаркет

5p3c14l 0ff3r
специальное предложение
FOR
cu570m3r
покупатель
d41ry pr0duc75
молочные продукты
fru17
фрукты
5h0pp1n6 c4r7
тележка для покупок

BUTCHERS

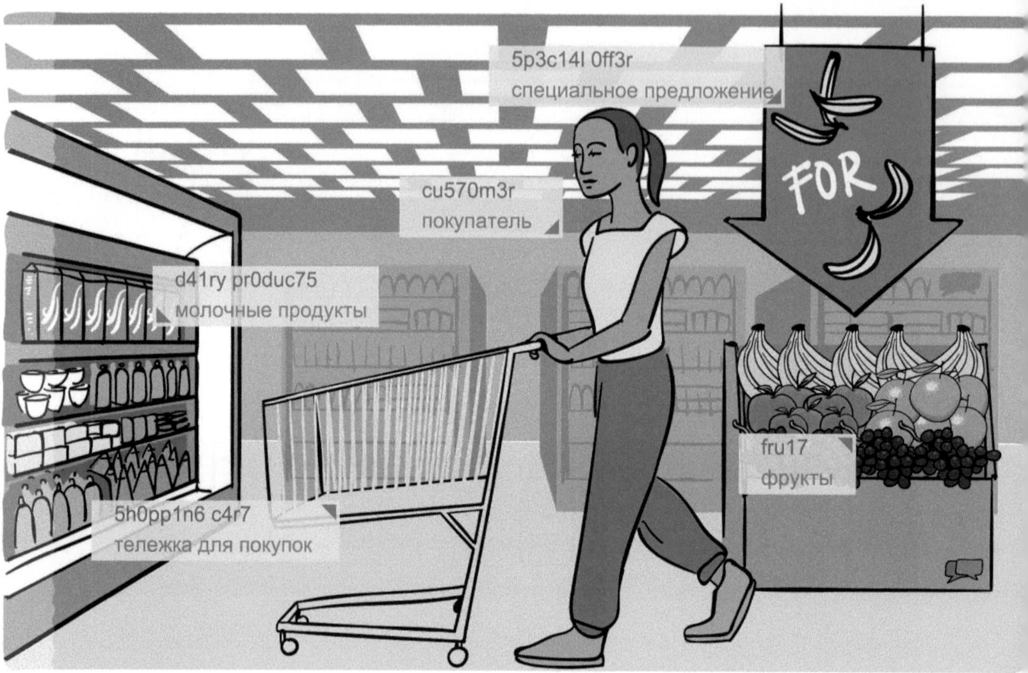

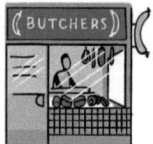

bu7ch3r'5 5h0p

мясной магазин

BAKERY

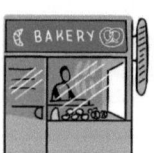

b4k3ry

пекарня

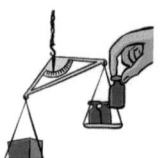

w316h

взвешивать

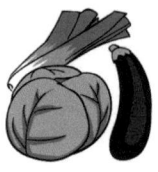

v36374bl35

овощи

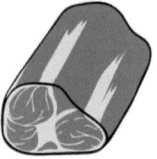

m347

мясо

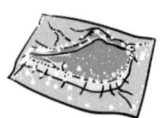

fr0z3n f00d

быстрозамороженные продукты

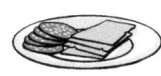

c0ld cu75

нарезка

c4nn3d f00d

консервы

d373r63n7

стиральный порошок

c4ndy

сладости

h0u53h0ld pr0duc75

предмет домашнего обихода

cl34n1n6 pr0duc75

моющее средство

54l35 r3pr353n7471v3

продавщица

c45h r361573r

касса

c45h13r

кассир

5h0pp1n6 l157

список покупок

0p3n1n6 h0ur5

время работы

w4ll37

бумажник

cr3d17 c4rd

кредитная карточка

b46

сумка

pl4571c b46

полиэтиленовый пакет

w473r

вода

ju1c3

сок

m1lk

молоко

c0k3

кока-кола

w1n3

вино

b33r

пиво

4lc0h0l

алкоголь

c0c04

какао

734

чай

c0ff33

кофе

35pr3550

эспрессо

c4ppucc1n0

капучино

b4n4n4

банан

4ppl3

яблоко

0r4n63

апельсин

m3l0n

арбуз

l3m0n

лимон

c4rr07

морковь

64rl1c

чеснок

b4mb00

бамбук

0n10n

лук

mu5hr00m

гриб

nu75

орехи

n00dl35

лапша

5p46h3771

спагетти

r1c3

рис

54l4d

салат

fr135

картофель фри

fr13d p0747035

жареный картофель

p1zz4

пицца

h4mbur63r

гамбургер

54ndw1ch

сэндвич

35c4l0p3

шницель

h4m

ветчина

54l4m1

салями

54u5463

колбаса

ch1ck3n

курица

r0457

жаркое

f15h

рыба

p0rr1d63 0475
....
овсяные хлопья

mu35l1
....
мюсли

c0rnfl4k35
....
кукурузные хлопья

fl0ur
....
мука

cr01554n7
....
круассан

br34d r0ll
....
булочка

br34d
....
хлеб

70457
....
тост

c00k135
....
печенье

bu773r
....
масло

curd
....
творог

c4k3
....
пирог

366
....
яйцо

fr13d 366
....
яичница

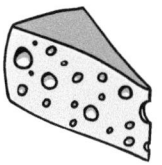

ch3353
....
сыр

1c3 cr34m

мороженое

5u64r

сахар

h0n3y

мёд

j3lly

мармелад

n0u647 cr34m

крем с нугой

curry

карри

f4rm
ферма

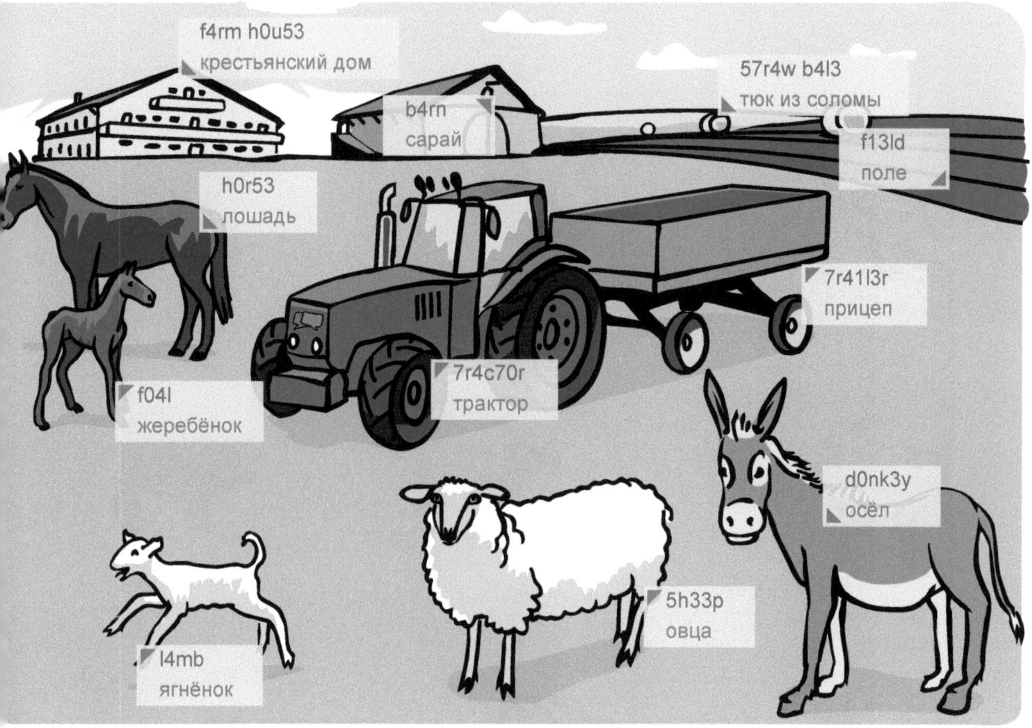

f4rm h0u53
крестьянский дом
57r4w b4l3
тюк из соломы
b4rn
сарай
f13ld
поле
h0r53
лошадь
7r41l3r
прицеп
7r4c70r
трактор
f04l
жеребёнок
d0nk3y
осёл
5h33p
овца
l4mb
ягнёнок

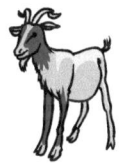

6047
коза

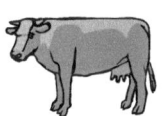

c0w
корова

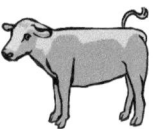

c4lf
телёнок

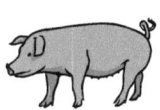

p16
свинья

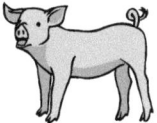

p16l37
поросёнок

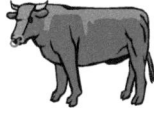

bull
бык

60053

гусь

duck

утка

ch1ck

цыплёнок

h3n

курица

c0ck3r3l

петух

r47

крыса

c47

кошка

m0u53

мышь

0x

вол

d06

собака

d06 h0u53

конура

64rd3n h053

садовый шланг

w473r1n6 c4n

лейка

5cy7h3

коса

pl0u6h

плуг

51ckl3

серп

h03

мотыга

p17chf0rk

навозные вилы

4x3

топор

pu5hc4r7

тачка

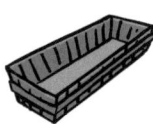

7r0u6h

корыто

m1lk c4n

бидон для молока

54ck

мешок

f3nc3

забор

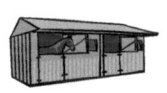

574bl3

хлев

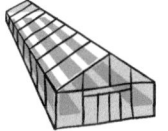

6r33nh0u53

теплица

501l

почва

533d

посев

f3r71l1z3r

удобрение

c0mb1n3 h4rv3573r

комбайн

h4rv357

собирать урожай

h4rv357

урожай

y4m5

ямс

wh347

пшеница

50y4

соя

p07470

картофель

c0rn

кукуруза

r4p3533d

рапс

fru17 7r33

фруктовое дерево

m4n10c

маниок

6r41n

злаки

h0u53

дом

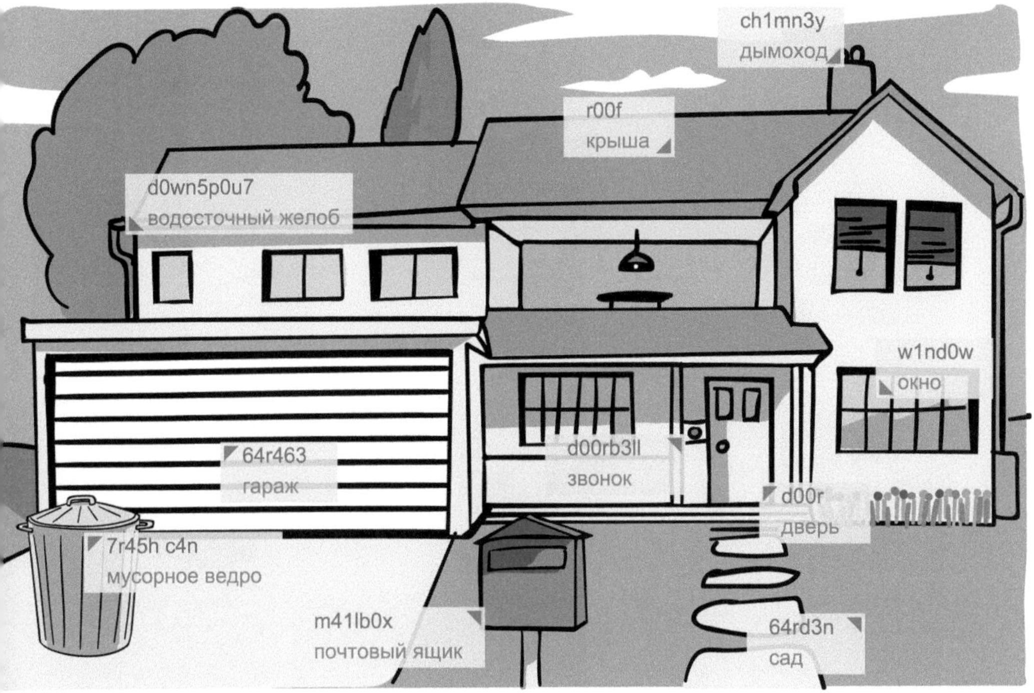

ch1mn3y
дымоход
r00f
крыша
d0wn5p0u7
водосточный желоб
w1nd0w
окно
64r463
гараж
d00rb3ll
звонок
d00r
дверь
7r45h c4n
мусорное ведро
m41lb0x
почтовый ящик
64rd3n
сад

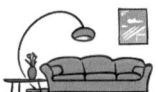

l1v1n6 r00m

гостиная

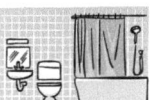

b47hr00m

ванная комната

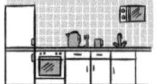

k17ch3n

кухня

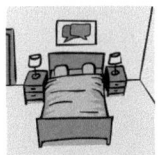

b3dr00m

спальня

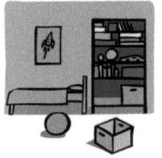

ch1ld'5 r00m

детская комната

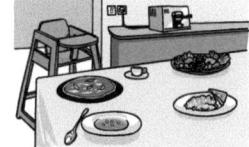

d1n1n6 r00m

столовая

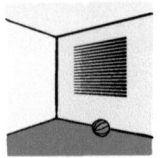

fl00r

пол

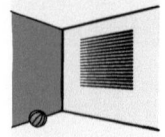

w4ll

стена

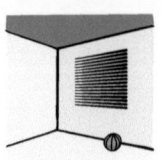

c31l1n6

потолок

c3ll4r

подвал

54un4

сауна

b4lc0ny

балкон

73rr4c3

терраса

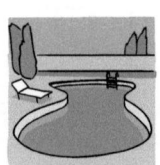

p00l

бассейн

l4wn m0w3r

газонокосилка

5h337

пододеяльник

b3d5pr34d

покрывало

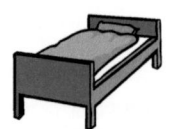

b3d

кровать

br00m

метла

buck37

ведро

5w17ch

выключатель

l1v1n6 r00m

гостиная

w4llp4p3r
обои
p1c7ur3
рисунок
l4mp
лампа
5h3lf
полка
c4b1n37
шкаф
73l3v1510n
телевизор
f1r3pl4c3
камин
fl0w3r
цветок
cu5h10n
подушка
50f4
диван
v453
ваза
r3m073 c0n7r0l
пульт дистанционного управления

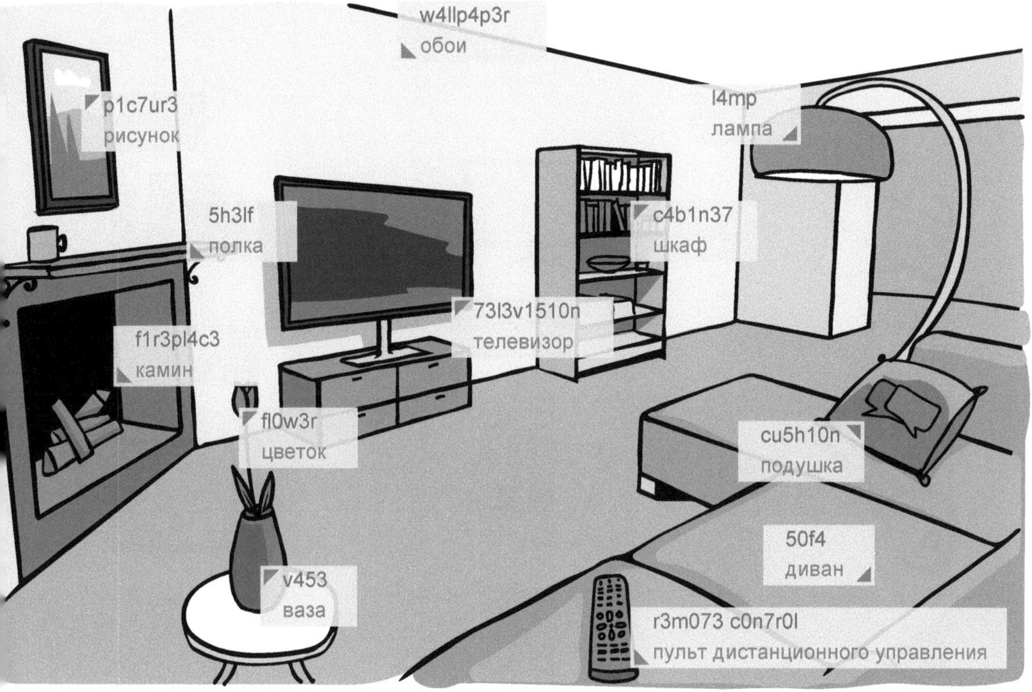

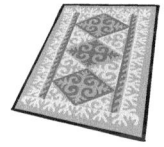

c4rp37

ковёр

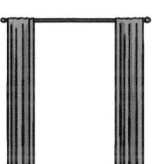

dr4p3

штора

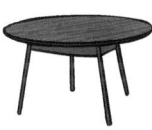

74bl3

стол

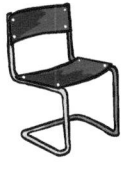

ch41r

стул

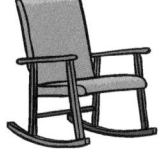

r0ck1n6 ch41r

кресло-качалка

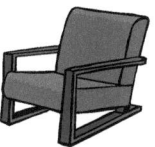

4rmch41r

кресло

b00k

книга

bl4nk37

покрывало

d3c0r4710n

украшение

f1r3w00d

дрова

f1lm

фильм

573r30 5y573m

стереосистема

k3y

ключ

n3w5p4p3r

газета

p41n71n6

картина

p0573r

плакат

r4d10

радио

n073b00k

блокнот

v4cuum cl34n3r

пылесос

c4c7u5

кактус

c4ndl3

свеча

k17ch3n
кухня

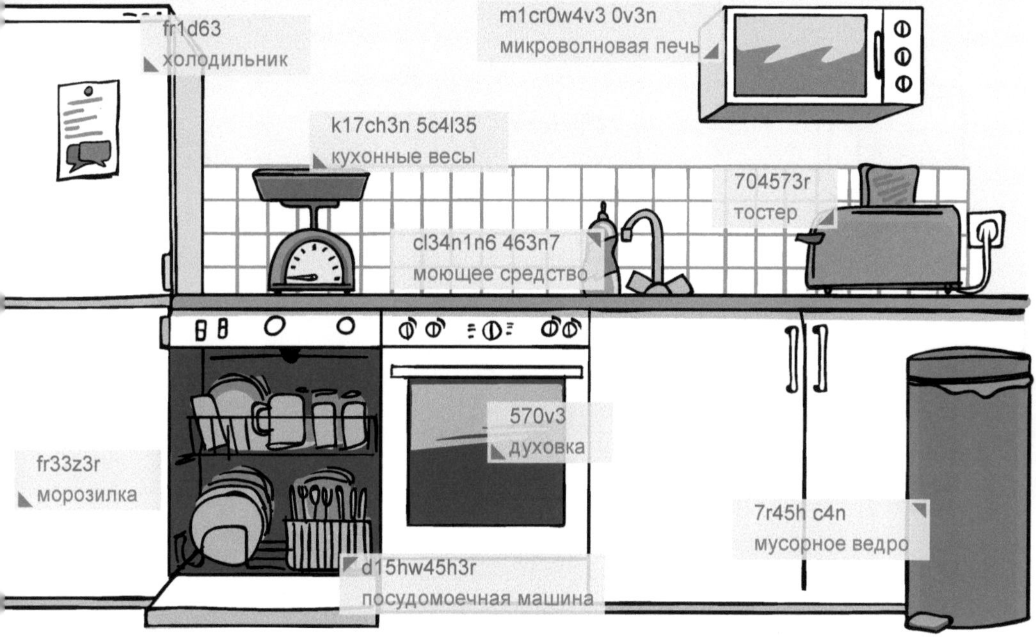

fr1d63
холодильник
m1cr0w4v3 0v3n
микроволновая печь
k17ch3n 5c4l35
кухонные весы
704573r
тостер
cl34n1n6 463n7
моющее средство
570v3
духовка
fr33z3r
морозилка
7r45h c4n
мусорное ведро
d15hw45h3r
посудомоечная машина

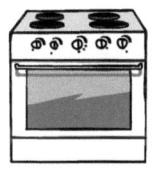

c00k3r

плита

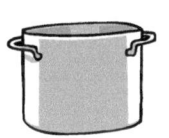

p07

кастрюля

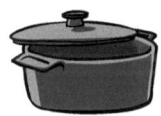

c457-1r0n p07

чугунный котелок

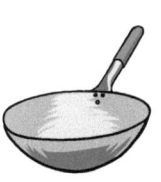

w0k / k4d41

вок / кадай

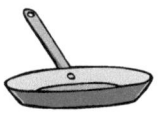

p4n

сковорода

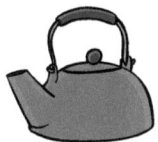

k377l3

чайник

5734m3r

пароварка

b4k1n6 7r4y

противень

cr0ck3ry

посуда

mu6

кружка

b0wl

миска

ch0p571ck5

палочки для еды

l4dl3

половник

5p47ul4

лопатка

wh15k

сбивалка

57r41n3r

сито

513v3

сито

6r473r

тёрка

m0r74r

ступка

b4rb3cu3

гриль

f1r3pl4c3

костёр

ch0pp1n6 b04rd

доска

r0ll1n6 p1n

скалка

c0rk5cr3w

штопор

c4n

жестяная банка

c4n 0p3n3r

консервный нож

0v3n cl07h

прихватка

51nk

раковина

bru5h

щетка

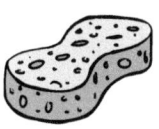

5p0n63

губка

bl3nd3r

миксер

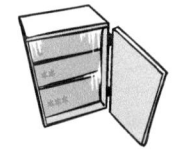

d33p fr33z3r

морозильная камера

b4by b077l3

бутылочка для кормления

74p

кран

b47hr00m

ванная комната

h3471n6
отопление
70w3l
полотенце
5h0w3r
душ
5h0w3r cur741n
душевая занавеска
bubbl3 b47h
пенистая ванна
b47h7ub
ванна
6l455
стакан
w45h1n6 m4ch1n3
стиральная машина
74p
кран
71l35
плитка
p077y
горшок
51nk
раковина

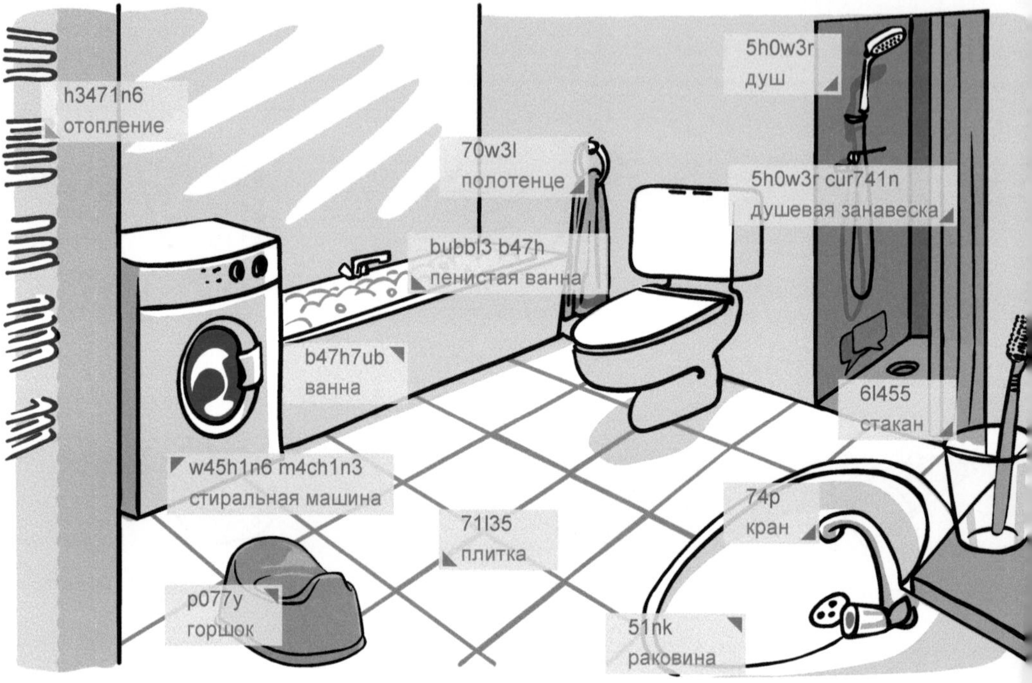

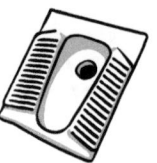

701l37

туалет

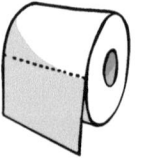

5qu47 701l37

напольный унитаз

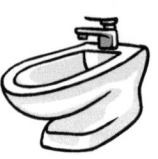

b1d37

биде

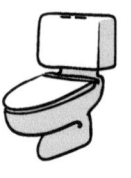

ur1n4l

писсуар

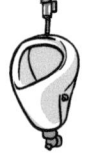

701l37 p4p3r

туалетная бумага

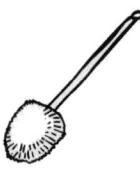

701l37 bru5h

ершик

7007hbru5h

зубная щетка

7007hp4573

зубная паста

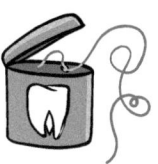

d3n74l fl055

зубная нить

w45h

мыть

h4nd 5h0w3r

ручной душ

d0uch3

интимный душ

b451n

таз

b4ck bru5h

щетка для спины

504p

мыло

5h0w3r 63l

гель для душа

5h4mp00

шампунь

fl4nn3l

мочалка

dr41n

сток

cr3m3

крем

d30d0r4n7

дезодорант

m1rr0r

зеркало

h4nd m1rr0r

ручное зеркало

r4z0r

бритва

5h4v1n6 f04m

пена для бритья

4f73r5h4v3

лосьон после бритья

c0mb

расческа

bru5h

щетка

h41r-dry3r

фен

h41r5pr4y

лак для волос

m4k3up

косметика

l1p571ck

губная помада

n41l v4rn15h

лак для ногтей

c0770n w00l

вата

n41l 5c1550r5

маникюрные ножницы

p3rfum3

духи

w45hb46

косметичка

5700l

табуретка

w316h1n6 5c4l35

весы

b47hr0b3

халат

rubb3r 6l0v35

резиновые перчатки

74mp0n

тампон

54n174ry 70w3l

гигиеническая прокладка

ch3m1c4l 701l37

биотуалет

ch1ld'5 r00m

детская комната

4l4rm cl0ck
будильник
cuddly 70y
мягкая игрушка
70y c4r
игрушечный автомобиль
r477l3
погремушка
d0ll'5 h0u53
кукольный домик
pr353n7
подарок

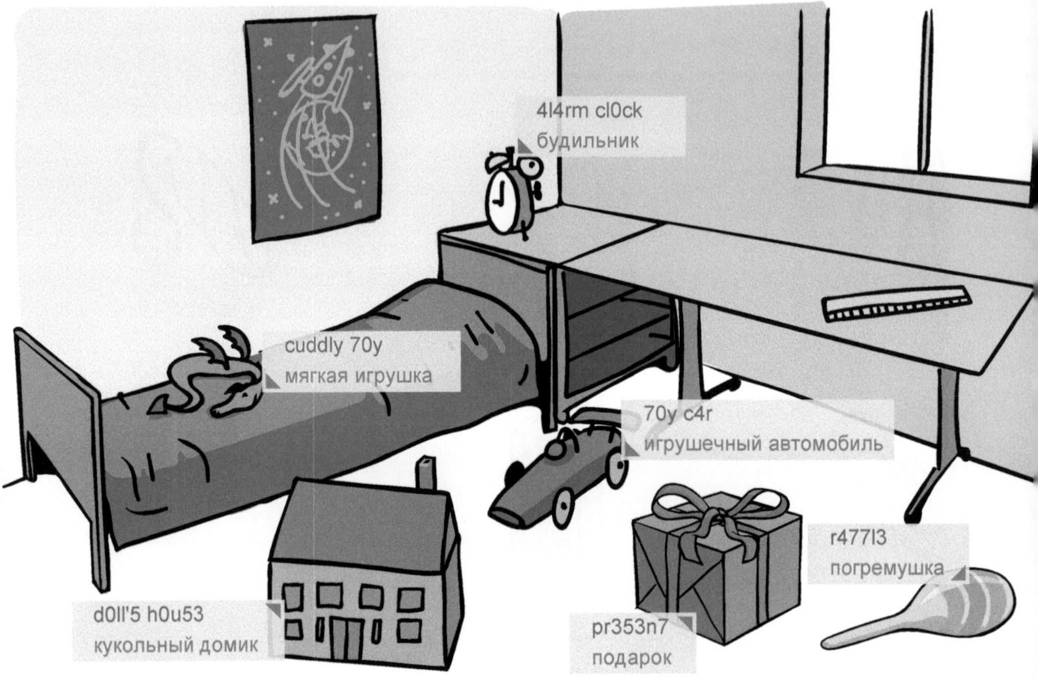

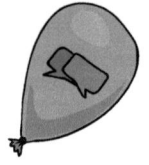

b4ll00n

воздушный шар

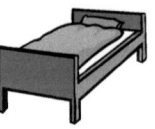

b3d

кровать

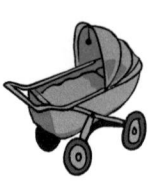

57r0ll3r

детская коляска

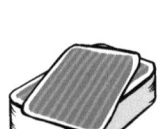

d3ck 0f c4rd5

карточная игра

j1654w

пазл

SUPER
MEGA

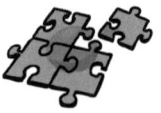

c0m1c

комикс

l360 br1ck5

кирпичики Лего

70y bl0ck5

кубики

4c710n f16ur3

игрушечная фигурка

r0mp3r 5u17

ползунки

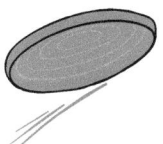

fr15b33

фрисби

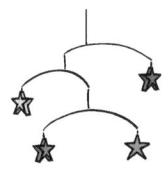

m0b1l3

мобиле

b04rd 64m3

настольная игра

d1c3

кубик

m0d3l 7r41n 537

модель железной дороги

dummy

соска

p4r7y

вечеринка

p1c7ur3 b00k

книга с картинками

b4ll

мяч

d0ll

кукла

pl4y

играть

54ndp17

песочница

5w1n6

качели

70y

игрушка

v1d30 64m3 c0n50l3

игровая приставка

7r1cycl3

трёхколесный велосипед

73ddy b34r

плюшевый медвежонок

w4rdr0b3

шкаф для одежды

cl07h1n6

одежда

50ck5

носки

570ck1n65

чулки

716h75

колготки

5c4rf
шарф

umbr3ll4
зонтик

7-5h1r7
футболка

b3l7
ремень

b0075
сапоги

5l1pp3r5
тапки

5n34k3r5
кроссовки

54nd4l5

сандалии

5h035

ботинки

rubb3r b0075

резиновые сапоги

br13f5

трусы

br4

бюстгальтер

und3r5h1r7

майка

b0dy

боди

p4n75

брюки

j34n5

джинсы

5k1r7

юбка

bl0u53

блузка

5h1r7

рубашка

pull0v3r

свитер

5w3473r

свитер

bl4z3r

спортивная куртка

j4ck37

жакет

c047

пальто

r41nc047

плащ

c057um3

костюм

dr355

платье

w3dd1n6 dr355

свадебное платье

5u17

мужской костюм

n16h760wn

ночная сорочка

p4j4m45

пижама

54r1

сари

h34d5c4rf

платок

7urb4n

тюрбан

burk4

паранджа

k4f74n

кафтан

4b4y4

абайя

5w1m5u17

купальник

7runk5

плавки

5h0r75

шорты

7r4ck5u17

спортивный костюм

4pr0n

фартук

6l0v35

перчатки

bu770n

пуговица

6l45535

очки

br4c3l37

браслет

n3ckl4c3

цепочка

r1n6

кольцо

34rr1n6

серьга

c4p

шапка

c047 h4n63r

вешалка

h47

шляпа

713

галстук

z1p

застежка молния

h3lm37

шлем

br4c35

подтяжки

5ch00l un1f0rm

школьная форма

un1f0rm

форма

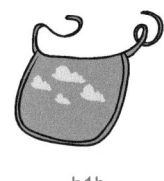

b1b

детский нагрудник

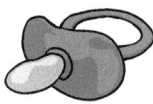

dummy

соска

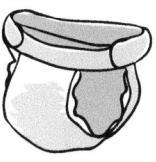

d14p3r

подгузник

0ff1c3

офис

53rv3r
сервер
f1l1n6 c4b1n37
канцелярский шкаф
pr1n73r
принтер
p4p3r
бумага
m0n170r
монитор
m0u53
мышь
d35k
письменный стол
f0ld3r
папка
k3yb04rd
клавиатура
w4573-p4p3r b45k37
корзина для бумаг
c0mpu73r
компьютер
ch41r
стул

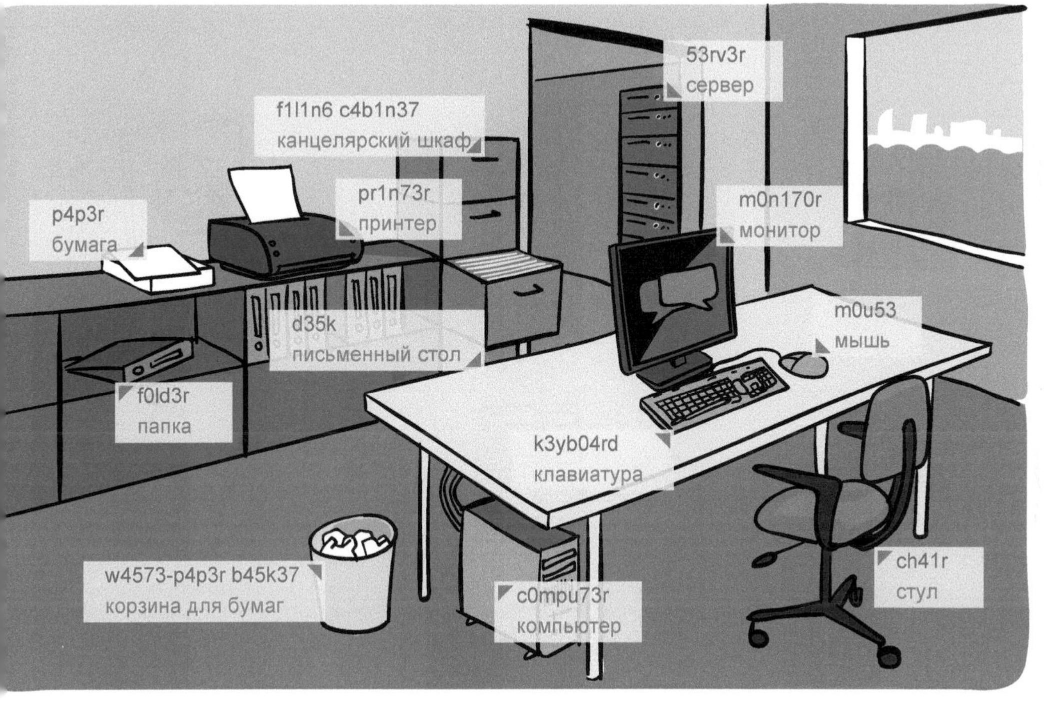

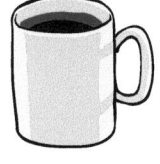

c0ff33 mu6

кофейная кружка

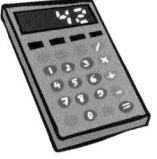

c4lcul470r

калькулятор

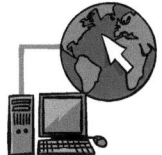

1n73rn37

интернет

l4p70p
....
ноутбук

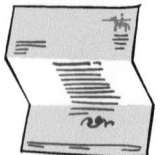

l3773r
....
письмо

m355463
....
сообщение

c3ll ph0n3
....
мобильный телефон

n37w0rk
....
сеть

ph070c0p13r
....
ксерокс

50f7w4r3
....
программа

73l3ph0n3
....
телефон

plu6 50ck37
....
розетка

f4x m4ch1n3
....
факс

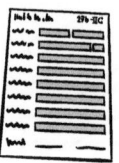

f0rm
....
формуляр

d0cum3n7
....
документ

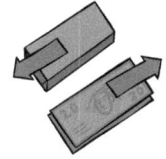

buy

покупать

p4y

платить

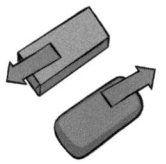

7r4d3

торговать

m0n3y

деньги

 USD

d0ll4r

доллар

 EUR

3ur0

евро

 JPY

y3n

иена

 RUB

r0ubl3

рубль

 CHF

5w155 fr4nc

франк

 CNY

r3nm1nb1 yu4n

жэньминьби юань

 INR

rup33

рупия

c45h p01n7

банкомат

curr3ncy 3xch4n63 0ff1c3

пункт обмена валюты

60ld

золото

51lv3r

серебро

01l

нефть

3n3r6y

энергия

pr1c3

цена

c0n7r4c7

договор

74x

налог

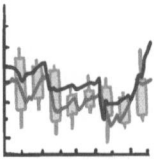

570ck

акция

w0rk

работать

3mpl0y33

служащий

3mpl0y3r

работодатель

f4c70ry

фабрика

5h0p

магазин

0ccup4710n5
профессии

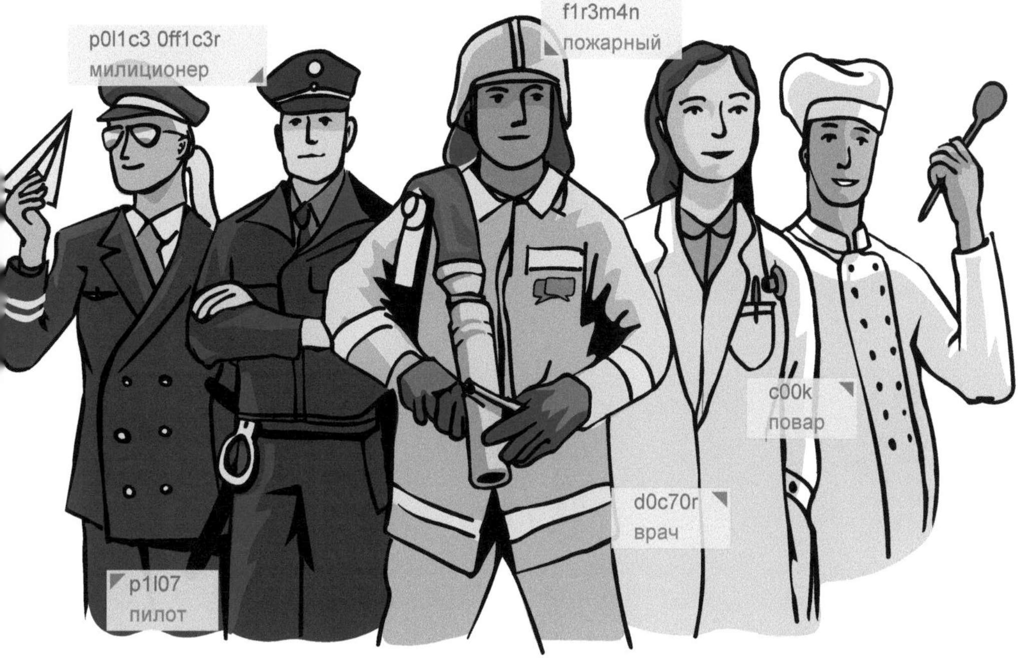
p0l1c3 0ff1c3r
милиционер
f1r3m4n
пожарный
c00k
повар
d0c70r
врач
p1l07
пилот

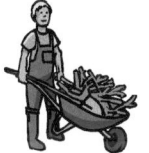

64rd3n3r
садовник

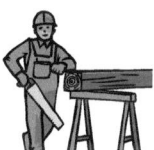

c4rp3n73r
столяр

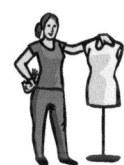

534m57r355
швея

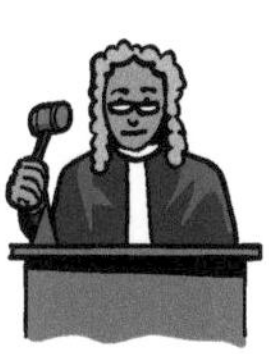

jud63
судья

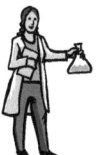

ch3m157
химик

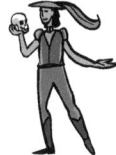

4c70r
актёр

bu5 dr1v3r

водитель автобуса

74x1 dr1v3r

таксист

f15h3rm4n

рыбак

cl34n1n6 l4dy

уборщица

r00f3r

кровельщик

w4173r

официант

hun73r

охотник

p41n73r

художник

b4k3r

пекарь

3l3c7r1c14n

электрик

bu1ld3r

строитель

3n61n33r

инженер

bu7ch3r

мясник

plumb3r

сантехник

p057m4n

почтальон

50ld13r

солдат

4rch173c7

архитектор

c45h13r

кассир

fl0r157

флорист

h41rdr3553r

парикмахер

c0nduc70r

кондуктор

m3ch4n1c

механик

c4p741n

капитан

d3n7157

зубной врач

5c13n7157

ученый

r4bb1

раввин

1m4m

имам

m0nk

монах

p4570r

священник

700l5

инструменты

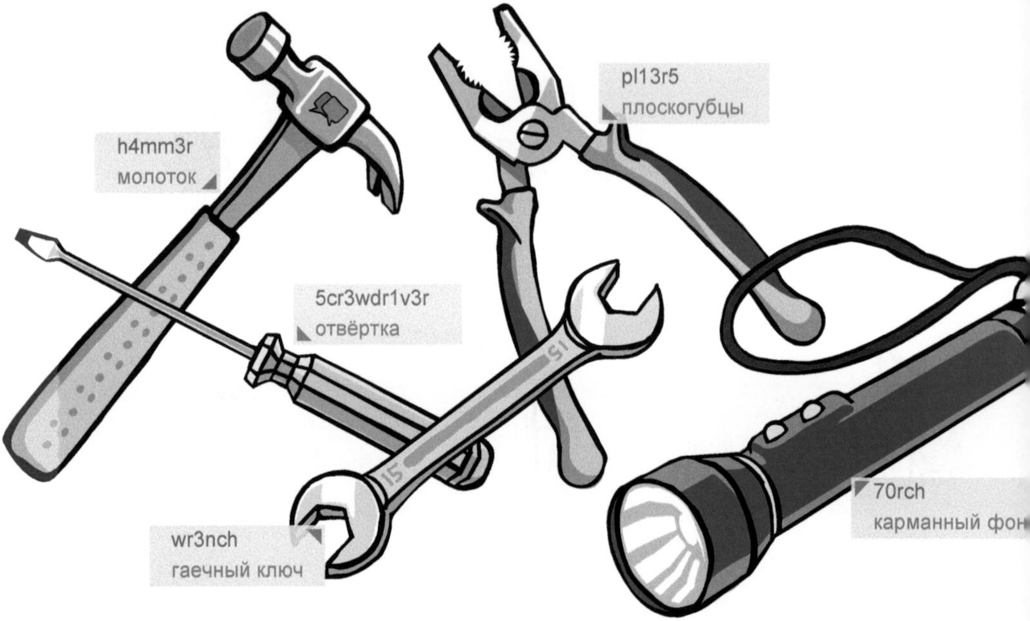
h4mm3r
молоток
pl13r5
плоскогубцы
5cr3wdr1v3r
отвёртка
70rch
карманный фон
wr3nch
гаечный ключ

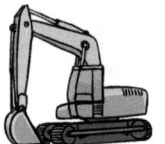

3xc4v470r

экскаватор

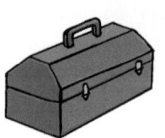

700lb0x

ящик для инструментов

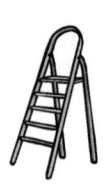

l4dd3r

стремянка

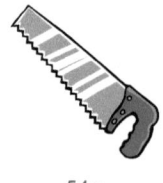

54w

пила

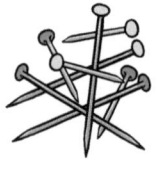

n41l5

гвозди

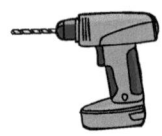

dr1ll

дрель

r3p41r

ремонтировать

5h0v3l

лопата

d4mn!

Блин!

du57p4n

совок

p41n7 c4n

ведро с краской

5cr3w5

винты

mu51c4l 1n57rum3n75
музыкальные инструменты

l0ud 5p34k3r
громкоговоритель

drum 537
ударный инструмент

6u174r
гитара

d0ubl3 b455
контрабас

7rump37
труба

p14n0

пианино

v10l1n

скрипка

b455

бас-гитара

71mp4n1

литавры

drum5

барабан

k3yb04rd

синтезатор

54x0ph0n3

саксофон

flu73

флейта

m1cr0ph0n3

микрофон

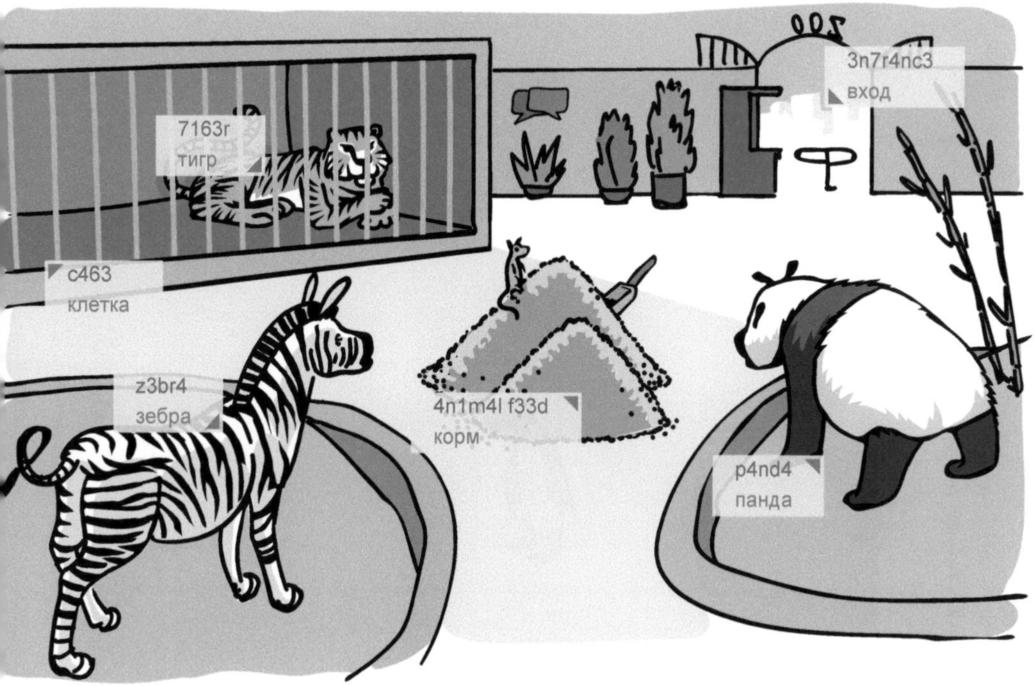

3n7r4nc3
вход

7163r
тигр

c463
клетка

z3br4
зебра

4n1m4l f33d
корм

p4nd4
панда

4n1m4l5

животные

3l3ph4n7

слон

k4n64r00

кенгуру

rh1n0

носорог

60r1ll4

горилла

b34r

медведь

c4m3l

верблюд

057r1ch

страус

l10n

лев

m0nk3y

обезьяна

fl4m1n60

фламинго

p4rr07

попугай

p0l4r b34r

белый медведь

p3n6u1n

пингвин

5h4rk

акула

p34c0ck

павлин

5n4k3

змея

cr0c0d1l3

крокодил

z00k33p3r

служитель зоопарка

534l

тюлень

j46u4r

ягуар

z00 - зоопарк

p0ny

пони

l30p4rd

леопард

h1pp0

бегемот

61r4ff3

жираф

346l3

орёл

b04r

кабан

f15h

рыба

7ur7l3

черепаха

w4lru5

морж

f0x

лиса

64z3ll3

газель

z00 - зоопарк

4m3r1c4n f007b4ll
американский футбол

cycl1n6
езда на велосипеде

73nn15
теннис

b45k37b4ll
баскетбол

5w1mm1n6
плавание

b0x1n6
бокс

1c3 h0ck3y
хоккей

50cc3r

футбол

b4dm1n70n

бадминтон

47hl371c5

лёгкая атлетика

h4ndb4ll

гандбол

5k11n6

лыжный спорт

p0l0

поло

действия

l4u6h
смеяться

jump
прыгать

hu6
обнимать

w4lk
идти

51n6
петь

dr34m
мечтать

pr4y
молиться

k155
целовать

wr173
писать

dr4w
рисовать

5h0w
показывать

pu5h
нажимать

61v3
давать

74k3
брать

h4v3
....
иметь

d0
....
делать

b3
....
быть

574nd
....
стоять

run
....
бежать

pull
....
тянуть

7hr0w
....
бросать

f4ll
....
падать

l13
....
лежать

w417
....
ждать

c4rry
....
носить

517
....
сидеть

637 dr3553d
....
надевать

5l33p
....
спать

w4k3 up
....
просыпаться

l00k 47

рассматривать

cry

плакать

57r0k3

гладить

c0mb

причесывать

74lk

говорить

und3r574nd

понимать

45k

спрашивать

l1573n

слушать

dr1nk

пить

347

кушать

71dy up

наводить порядок

l0v3

любить

c00k

готовить

dr1v3

ехать

fly

летать

541l

ходить под парусом

c4lcul473

считать

r34d

читать

l34rn

учиться

w0rk

работать

m4rry

вступать в брак

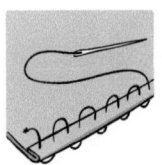

53w

шить

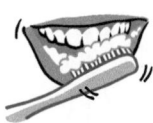

bru5h 7337h

чистить зубы

k1ll

убивать

5m0k3

курить

53nd

отправлять

f4m1ly

семья

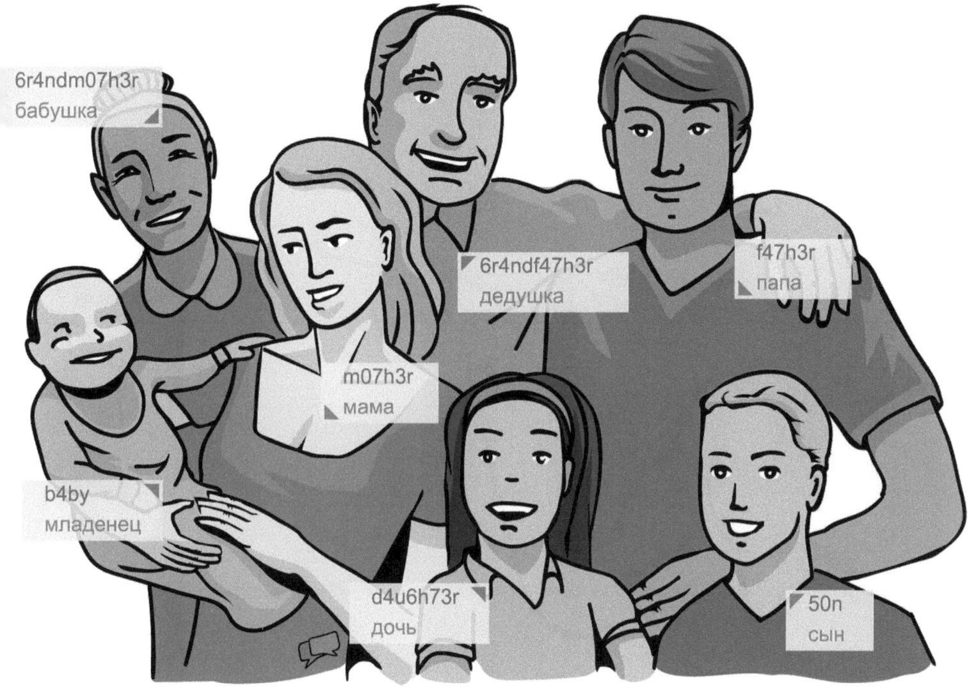

6r4ndm07h3r
бабушка
6r4ndf47h3r
дедушка
f47h3r
папа
m07h3r
мама
b4by
младенец
d4u6h73r
дочь
50n
сын

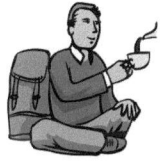

6u357

гость

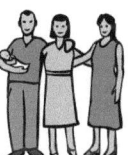

4un7

тетя

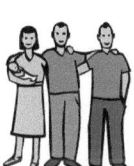

uncl3

дядя

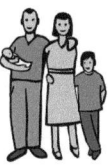

br07h3r

брат

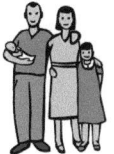

51573r

сестра

b0dy
тело

f0r3h34d
лоб
3y3
глаз
5h0uld3r
плечо
f1n63r
палец
f4c3
лицо
ch1n
подбородок
h4nd
кисть
l36
нога
br3457
грудь
4rm
рука

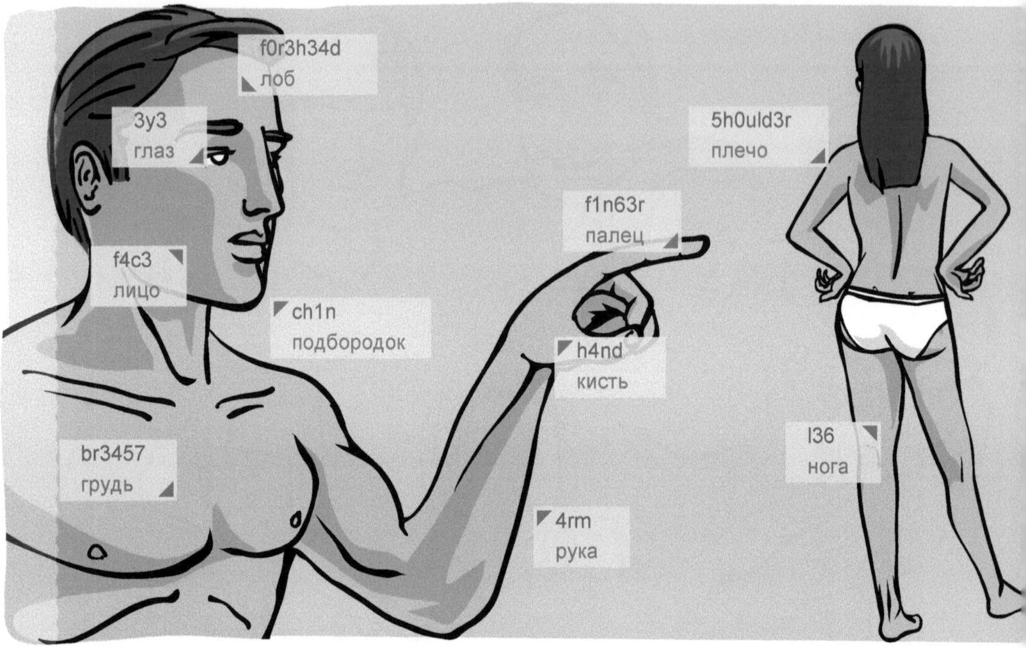

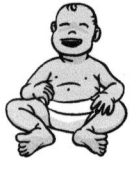

b4by
младенец

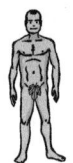

m4n
мужчина

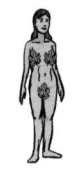

w0m4n
женщина

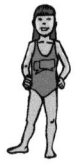

61rl
девочка

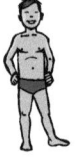

b0y
мальчик

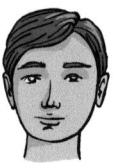

h34d
голова

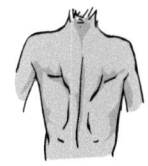

b4ck

спина

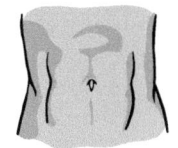

b3lly

живот

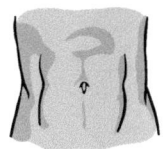

n4v3l

пупок

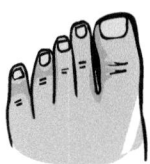

703

палец ноги

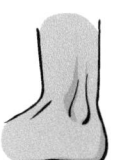

h33l

пятка

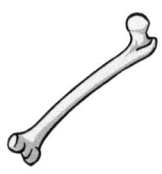

b0n3

кость

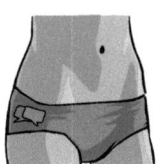

h1p

бедро

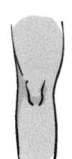

kn33

колено

3lb0w

локоть

n053

нос

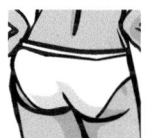

bu770ck5

ягодицы

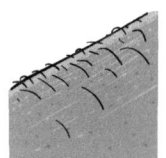

5k1n

кожа

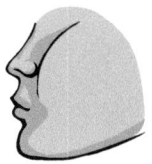

ch33k

щека

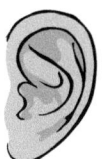

34r

ухо

l1p

губа

m0u7h

рот

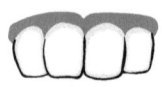

7007h

зуб

70n6u3

язык

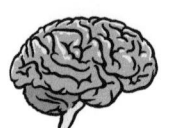

br41n

мозг

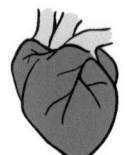

h34r7

сердце

mu5cl3

мышца

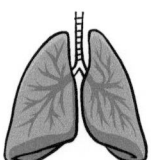

lun6

лёгкое

l1v3r

печень

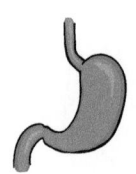

570m4ch

желудок

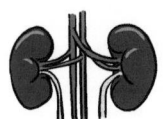

k1dn3y5

почки

53x

половой акт

c0nd0m

презерватив

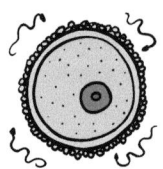

0vum

яйцеклетка

53m3n

сперма

pr36n4ncy

беременность

b0dy - тело

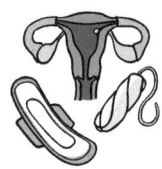

m3n57ru4710n
....
менструация

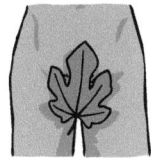

v461n4
....
вагина

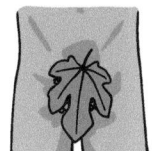

p3n15
....
пенис

3y3br0w
....
бровь

h41r
....
волосы

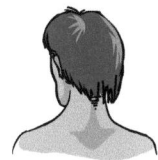

n3ck
....
шея

h05p174l

больница

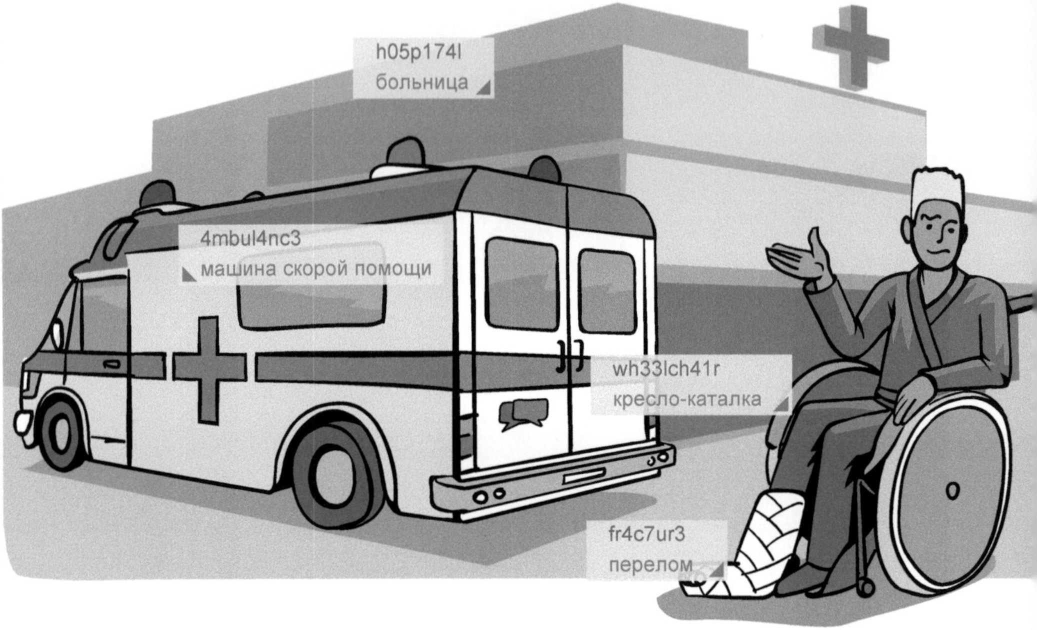

h05p174l
больница
4mbul4nc3
машина скорой помощи
wh33lch41r
кресло-каталка
fr4c7ur3
перелом

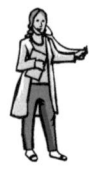

d0c70r

врач

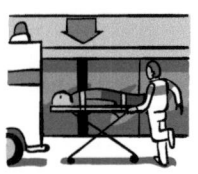

3m3r63ncy r00m

пункт первой помощи

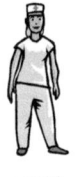

nur53

медсестра

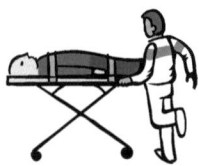

3m3r63ncy

неотложный случай

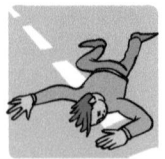

unc0n5c10u5

без сознания

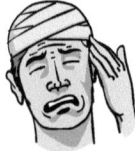

p41n

боль

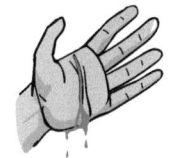

1njury

повреждение

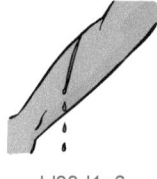

bl33d1n6

кровотечение

h34r7 4774ck

инфаркт

57r0k3

инсульт

4ll3r6y

аллергия

c0u6h

кашель

f3v3r

повышенная температура

flu

грипп

d14rrh34

понос

h34d4ch3

головная боль

c4nc3r

рак

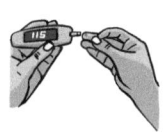

d14b3735

диабет

5ur630n

хирург

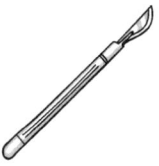

5c4lp3l

скальпель

0p3r4710n

операция

c7

КТ

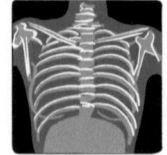

x-r4y

рентген

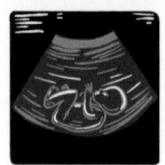

ul7r450und

ультразвук

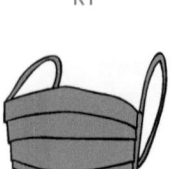

f4c3 m45k

маска

d153453

болезнь

w4171n6 r00m

приёмная

cru7ch

костыль

pl4573r

пластырь

b4nd463

бинт

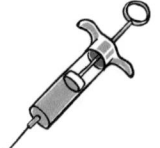

1nj3c710n

укол

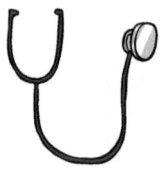

5737h05c0p3

стетоскоп

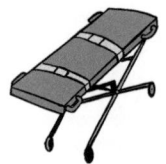

57r37ch3r

носилки

cl1n1c4l 7h3rm0m373r

термометр

b1r7h

рождение

0v3rw316h7

избыточный вес

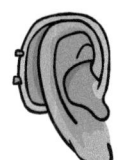

h34r1n6 41d

слуховой аппарат

d151nf3c74n7

дезинфекционное
средство

1nf3c710n

инфекция

v1ru5

вирус

h1v / 41d5

ВИЧ / СПИД

m3d1c1n3

лекарство

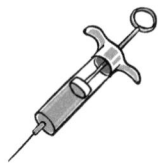

v4cc1n4710n

прививка

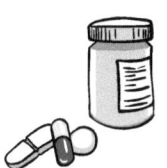

74bl375

таблетки

p1ll

противозачаточная
таблетка

3m3r63ncy c4ll

экстренный вызов

bl00d pr355ur3 m0n170r

прибор для измерения
кровяного давления

1ll / h34l7hy

больной / здоровый

h3lp!

Помогите!

4l4rm

сигнал тревоги

4554ul7

нападение

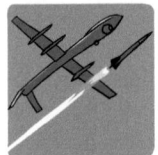

4774ck

атака

d4n63r

опасность

3m3r63ncy 3x17

запасной выход

f1r3!

Пожар!

f1r3 3x71n6u15h3r

огнетушитель

4cc1d3n7

несчастный случай

f1r57-41d k17

аптечка

505

SOS

p0l1c3

милиция

3ur0p3

Европа

n0r7h 4m3r1c4

Северная Америка

50u7h 4m3r1c4

Южная Америка

4fr1c4

Африка

4514

Азия

4u57r4l14

Австралия

47l4n71c

Атлантический океан

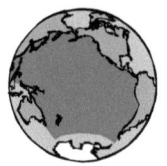

p4c1f1c

Тихий океан

1nd14n 0c34n

Индийский океан

4n74rc71c 0c34n

Антарктический океан

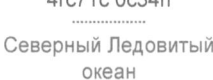

4rc71c 0c34n

Северный Ледовитый океан

n0r7h p0l3

Северный полюс

50u7h p0l3

Южный полюс

4n74rc71c4

Антарктика

34r7h

земля

l4nd

суша

534

море

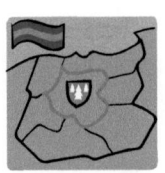

15l4nd

остров

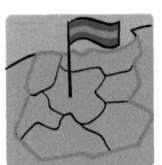

n4710n

нация

57473

государство

34r7h - земля

cl0ck f4c3

циферблат

h0ur h4nd

часовая стрелка

m1nu73 h4nd

минутная стрелка

53c0nd h4nd

секундная стрелка

wh47 71m3 15 17?

Который час?

d4y

день

71m3

время

n0w

сейчас

d16174l w47ch

электронные часы

m1nu73

минута

h0ur

час

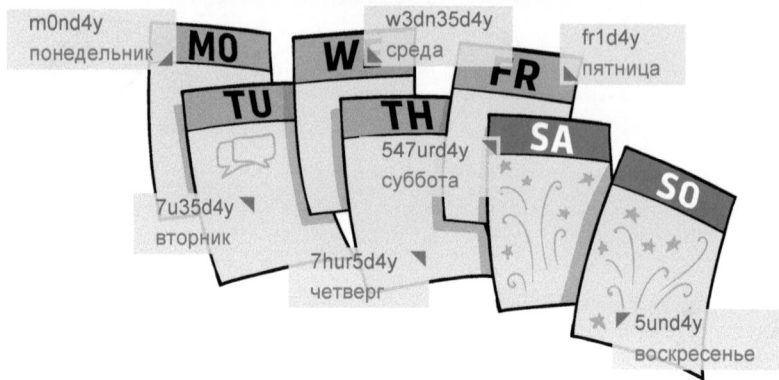

m0nd4y
понедельник

w3dn35d4y
среда

fr1d4y
пятница

7u35d4y
вторник

547urd4y
суббота

7hur5d4y
четверг

5und4y
воскресенье

y3573rd4y

вчера

70d4y

сегодня

70m0rr0w

завтра

m0rn1n6

утро

n00n

полдень

3v3n1n6

вечер

w0rkd4y5

рабочие дни

w33k3nd

выходные

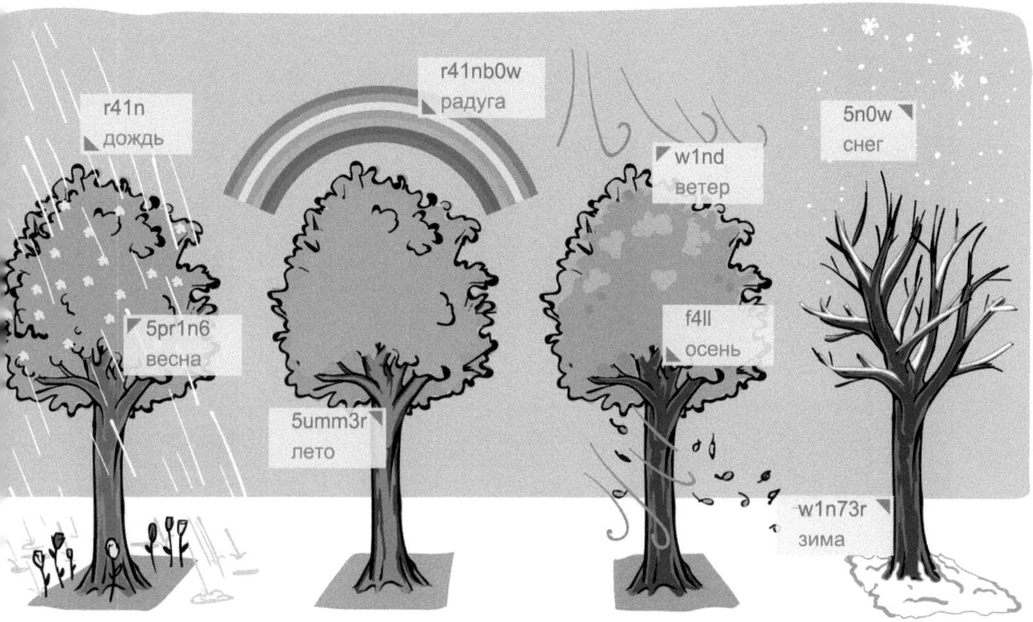

r41n
дождь
r41nb0w
радуга
w1nd
ветер
5n0w
снег
5pr1n6
весна
5umm3r
лето
f4ll
осень
w1n73r
зима

4.APRIL 11°
5.APRIL 4°
6.APRIL 13°
7.APRIL 8°
8.APRIL 10°

w347h3r f0r3c457

прогноз погоды

F C
120 40
90 30
60 20
30 10
0 0
-30 -10
-20

7h3rm0m373r

термометр

5un5h1n3

солнечный свет

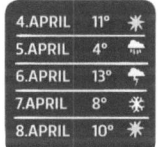

cl0ud

туча

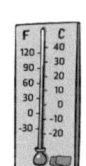

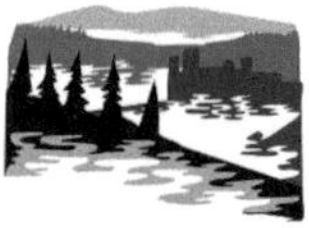

f06

туман

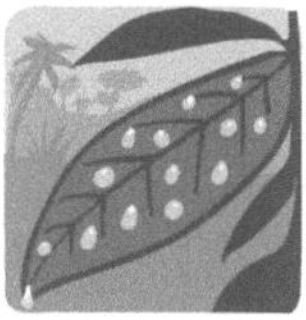

hum1d17y

влажность воздуха

l16h7n1n6

молния

7hund3r

гром

570rm

буря

h41l

град

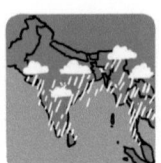

m0n500n

муссон

fl00d

наводнение

1c3

лёд

j4nu4ry

январь

f3bru4ry

февраль

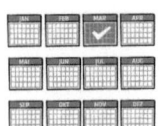

m4rch

март

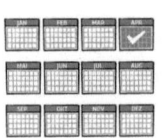

4pr1l

апрель

m4y

май

jun3

июнь

july

июль

4u6u57

август

у34r - год

53p73mb3r

сентябрь

0c70b3r

октябрь

n0v3mb3r

ноябрь

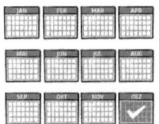

d3c3mb3r

декабрь

5h4p35

формы

c1rcl3

круг

5qu4r3

квадрат

r3c74n6l3

прямоугольник

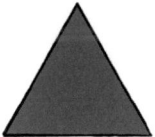

7r14n6l3

треугольник

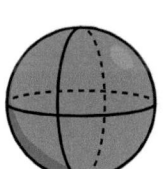

5ph3r3

шар

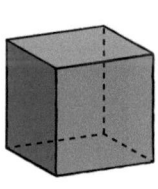

cub3

куб

wh173

белый

y3ll0w

желтый

0r4n63

оранжевый

p1nk

розовый

r3d

красный

purpl3

лиловый

blu3

синий

6r33n

зелёный

br0wn

коричневый

6r4y

серый

bl4ck

черный

4 l07 / 4 l177l3

много / мало

4n6ry / c4lm

яростный / мирный

b34u71ful / u6ly

красивый / уродливый

b361nn1n6 / 3nd

начало / конец

b16 / 5m4ll

большой / маленький

br16h7 / d4rk

светлый / темный

br07h3r / 51573r

брат / сестра

cl34n / d1r7y

чистый / грязный

c0mpl373 / 1nc0mpl373

полный / неполный

d4y / n16h7

день / ночь

d34d / 4l1v3

мёртвый / живой

w1d3 / n4rr0w

широкий / узкий

3d1bl3 / 1n3d1bl3
....
съедобный / несъедобный

3v1l / k1nd
....
злой / дружелюбный

3xc173d / b0r3d
....
взволнованный /
скучающий

f47 / 7h1n
....
толстый / худой

f1r57 / l457
....
сначала / в конце

fr13nd / 3n3my
....
друг / враг

full / 3mp7y
....
полный / пустой

h4rd / 50f7
....
твёрдый / мягкий

h34vy / l16h7
....
тяжёлый / легкий

hun63r / 7h1r57
....
голод / жажда

1ll / h34l7hy
....
больной / здоровый

1ll364l / l364l
....
незаконный / законный

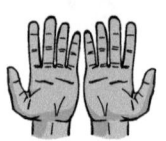

1n73ll163n7 / 57up1d
....
умный / глупый

l3f7 / r16h7
....
слева / справа

n34r / f4r
....
близко / далеко

n3w / u53d
....
новый / подержанный

n07h1n6 / 50m37h1n6
....
ничто / нечто

0ld / y0un6
....
старый / молодой

0n / 0ff
....
включено / выключено

0p3n / cl053d
....
открыто / закрыто

qu137 / l0ud
....
тихо / громко

r1ch / p00r
....
богатый / бедный

r16h7 / wr0n6
....
правильный /
неправильный

r0u6h / 5m007h
....
шероховатый / гладкий

54d / h4ppy
....
печальный / счастливый

5h0r7 / l0n6
....
короткий / длинный

5l0w / f457
....
медленный / быстрый

w37 / dry
....
мокрый / сухой

w4rm / c00l
....
тёплый / прохладный

w4r / p34c3
....
война / мир

0

z3r0

ноль

1

0n3

один

2

7w0

два

3

7hr33

три

4

f0ur

четыре

5

f1v3

пять

6

51x

шесть

7

53v3n

семь

8

316h7

восемь

9

n1n3

девять

10

73n

десять

11

3l3v3n

одиннадцать

12	**13**	**14**
7w3lv3	7h1r733n	f0ur733n
двенадцать	тринадцать	четырнадцать
15	**16**	**17**
f1f733n	51x733n	53v3n733n
пятнадцать	шестнадцать	семнадцать
18	**19**	**20**
316h733n	n1n3733n	7w3n7y
восемнадцать	девятнадцать	двадцать
100	**1.000**	**1.000.000**
hundr3d	7h0u54nd	m1ll10n
сто	тысяча	миллион

языки

3n6l15h
....
английский

4m3r1c4n 3n6l15h
....
американский английский

ch1n353 m4nd4r1n
....
мандаринский китайский

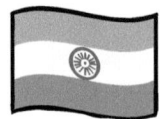

h1nd1
....
хинди

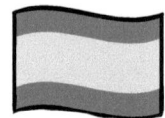

5p4n15h
....
испанский

fr3nch
....
французский

4r4b1c
....
арабский

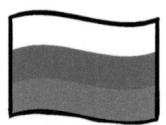

ru5514n
....
русский

p0r7u6u353
....
португальский

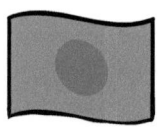

b3n64l1
....
бенгальский

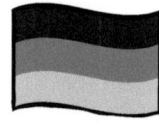

63rm4n
....
немецкий

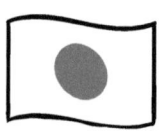

j4p4n353
....
японский

1

я

y0u

ты

h3 / 5h3 / 17

он / она / оно

w3

мы

y0u

вы

7h3y

они

wh0?

кто?

wh47?

что?

h0w?

как?

wh3r3?

где?

wh3n?

когда?

n4m3

имя

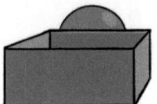

b3h1nd

за

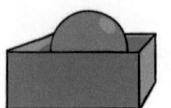

1n

в

1n fr0n7 0f

перед

0v3r

над

0n

на

und3r

под

b351d3

рядом

b37w33n

между

pl4c3

место